Educación a distancia

Julie Murray

Abdo Kids Jumbo es una subdivisión de Abdo Kids
abdobooks.com

abdobooks.com

Published by Abdo Kids, a division of ABDO, P.O. Box 398166, Minneapolis, Minnesota 55439.
Copyright © 2021 by Abdo Consulting Group, Inc. International copyrights reserved in all countries.
No part of this book may be reproduced in any form without written permission from the publisher.
Abdo Kids Jumbo™ is a trademark and logo of Abdo Kids.

Printed in the United States of America, North Mankato, Minnesota.

102020

012021

Spanish Translator: Maria Puchol

Photo Credits: Getty Images, iStock, Shutterstock

Production Contributors: Teddy Borth, Jennie Forsberg, Grace Hansen
Design Contributors: Dorothy Toth, Pakou Moua

Library of Congress Control Number: 2020948012

Publisher's Cataloging-in-Publication Data

Names: Murray, Julie, author.

Title: Educación a distancia/ by Julie Murray

Other title: Distance learning. Spanish

Description: Minneapolis, Minnesota: Abdo Kids, 2021. | Series: El Coronavirus | Includes online resources and index

Identifiers: ISBN 9781098208684 (lib.bdg.) | ISBN 9781098208820 (ebook)

Subjects: LCSH: Distance education--Juvenile literature. | Social distance--Juvenile literature. | Videoconferencing--Juvenile literature. | Communicable diseases--Prevention--Juvenile literature. | Epidemics--Juvenile literature. | Coronavirus infections--Juvenile literature. | Spanish language materials--Juvenile literature.

Classification: DDC 371.35--dc23

Contenido

Educación a distancia 4

¿Qué es una pandemia? 8

Modos de aprendizaje 12

Buenos resultados 18

¡A repasar! 22

Glosario 23

Índice 24

Código Abdo Kids 24

Educación a distancia

La educación a distancia es aprender de manera remota. Los estudiantes pueden aprender sin tener que estar en persona en un salón de clases. Se utiliza la tecnología para poder conectar a los estudiantes con sus compañeros y maestros.

La educación a distancia se usó mucho durante la pandemia de la COVID-19. Muchos estados cerraron sus escuelas. Estudiantes y maestros no salían de sus casas. Los estudiantes aprendían desde casa.

7

¿Qué es una pandemia?

Una pandemia es un brote de una enfermedad en todo el mundo. Esto ocurre cuando un **virus** infecta a algunos y se propaga rápidamente.

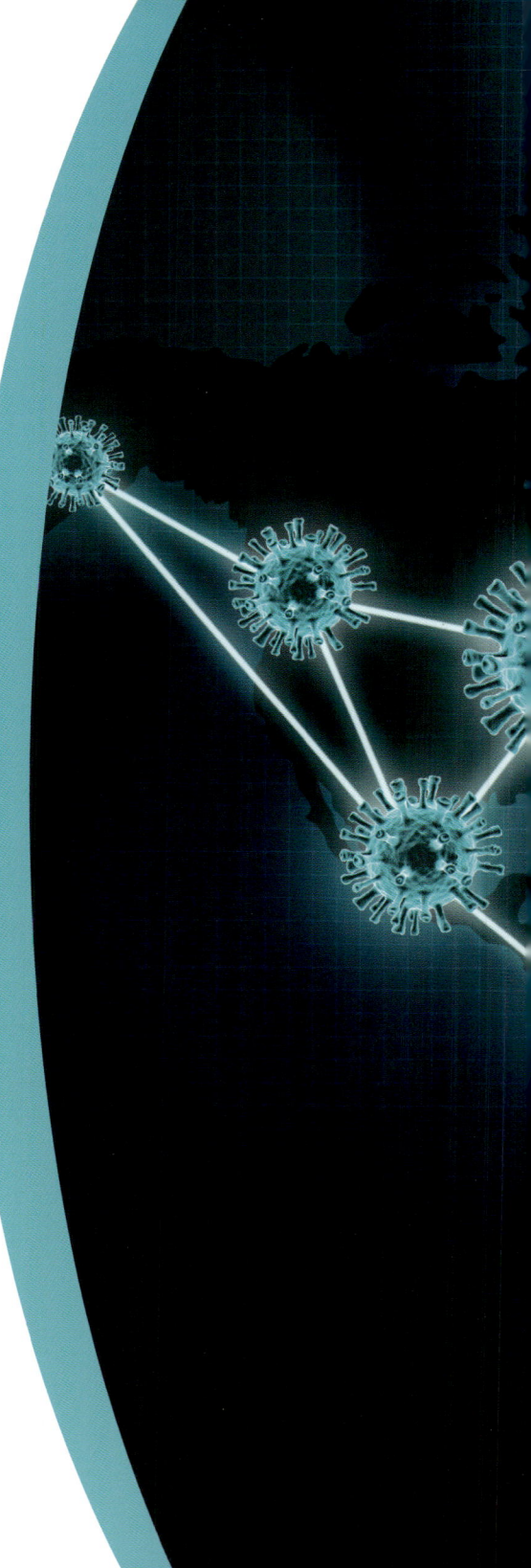

La enfermedad **COVID-19** la causó un **virus** nuevo. Se convirtió en pandemia el 11 de marzo de 2020. Muchos lugares se cerraron, incluso escuelas.

Modos de aprendizaje

Al cerrar las escuelas, los maestros utilizaron videollamadas con toda la clase. Así los estudiantes podían juntarse en grupos para conversar y verse.

Los estudiantes se conectaban online para conseguir sus tareas. También podían ver videos que los maestros preparaban. Cuando completaban sus tareas, mandaban un correo electrónico con una foto o un video de su trabajo.

Los estudiantes y los maestros se comunicaban a través de diferentes *apps*. Podían estar conectados a pesar de no verse en persona.

Buenos resultados

Con la enseñanza a distancia los estudiantes trabajaron solos la mayoría del tiempo. Aprendieron nuevas habilidades, como ser más **responsables** y organizados.

Este modo de enseñanza hizo que los estudiantes estuvieran conectados unos con otros de una forma diferente. ¡Descubrieron nuevas formas de aprender!

¡A repasar!

- La enseñanza a distancia es una forma de aprender remotamente. Los estudiantes utilizan la tecnología para mantenerse conectados con otros compañeros y con los maestros.

- Una pandemia es una enfermedad que aparece por todo el mundo y afecta a mucha gente.

- La **COVID-19** se convirtió en pandemia en 2020. Muchas escuelas usaron la educación a distancia durante este tiempo.

- Los maestros utilizaron videollamadas y *apps* para conectarse con los estudiantes durante esta época.

- Los estudiantes usaron internet, correos electrónicos y *apps* para completar sus tareas. También trabajaron con sus compañeros.

Glosario

app – abreviatura de la palabra en inglés *application*; programa que desempeña un trabajo.

COVID-19 – abreviatura para la enfermedad del coronavirus 2019, causada por una cepa nueva de coronavirus. Los síntomas más comunes son la fiebre, la tos y la dificultad para respirar. Algunas personas pueden sufrir otros síntomas más serios.

remoto – a distancia.

responsable – capaz de cuidar de las cosas de uno mismo.

virus – organismo diminuto que puede reproducirse sólo en células con vida. Los virus pueden causar enfermedades en humanos, animales y plantas.

Índice

apps 16	estudiantes 4, 6, 12, 14, 16, 18, 20	tecnología 4
contagio 8	lecciones 12	videollamada 12
coronavirus 10	maestros 4, 6, 12, 14, 16	
COVID-19 (enfermedad) 6, 10	pandemia 6, 8, 10	
desarrollo personal 18	tareas 14	

¡Visita nuestra página **abdokids.com** para tener acceso a juegos, manualidades, videos y mucho más!

Los recursos de internet están en inglés.

Usa este código Abdo Kids

TDK5522

¡o escanea este código QR!